VISTA™

Saber cómo el autor organizó o construyó el texto es importante para ayudarte a entenderlo mejor. Hay cinco maneras de estructurar un texto informativo:

 Secuencia

 Problema y solución

 Comparar y contrastar

 **Descripción**

 Causa y efecto

Analizar
la estructura del texto informativo

Preguntas y palabras útiles para **analizar la estructura de un texto informativo:**

¿El texto expone el orden de algún suceso? **(fechas, antes, después, finalmente)**

¿El texto describe cómo darle solución a algún problema? **(problema, solución, dilema, respuesta, pregunta, satisfacer)**

¿El texto explica en qué se parecen y se diferencian dos o más cosas? **(similar, parecido, diferente, desiguales, iguales, semejantes, mientras que, sin embargo)**

¿El texto está describiendo algo? **(por ejemplo, tales como, así, de esta manera)**

¿El texto explica por qué sucede algo? **(porque, debido a, la razón es, como resultado, como consecuencia)**

Nuestro sistema solar

atmósfera

Flotando en el espacio hay una hermosa roca azul.
Es una roca muy especial. Tiene agua y una **atmósfera**,
las cuales ayudan a hacer que sea posible la vida.

Esta hermosa roca azul se llama Tierra. Es nuestro
planeta y el lugar al que llamamos hogar.

SABELOTODO

La palabra solar significa "relacionado con el sol". Por ejemplo, la energía solar es la energía que proviene del Sol.

Nuestro hogar es parte de un sistema más grande de planetas, al que llamamos sistema solar. Hay otros siete planetas en nuestro sistema solar. Los ocho planetas orbitan alrededor del Sol, que está en el centro de nuestro sistema solar.

La Tierra es el tercer planeta más cercano al Sol. Gira alrededor del Sol en unos 365 días, que es un año.

El Sol es una estrella, y las estrellas producen calor y luz.
El calor y la luz del Sol hacen posible que las plantas
y los animales vivan en la Tierra.

El Sol está a 149 668 992 kilómetros de la Tierra. Esa
distancia puede parecer **extremadamente** lejana, pero
en el espacio, 93 millones de millas es una distancia corta.
De hecho, está lo suficientemente cerca para que podamos
sentir el calor del Sol. Afortunadamente, la atmósfera de la
Tierra ayuda a controlar la cantidad de calor y luz que llega
a la **superficie** de nuestro planeta para que no se caliente
demasiado.

La palabra mes está relacionada con la palabra luna. Hace mucho tiempo en la historia humana, la gente empezó a contar los días mirando la Luna. La Luna orbita la Tierra en unos 29 días, más o menos un mes.

La Luna está a unos 384 399 kilómetros de la Tierra, por lo que se puede ver en el cielo sin telescopio. Ten en cuenta que la Luna no siempre está a la misma distancia de la Tierra. Unas veces se acerca y otras se aleja. Esto se debe a que la Luna no orbita la Tierra en un círculo perfecto.

La misión Apolo 11

Los primeros astronautas en pisar la superficie de la Luna fueron los astronautas estadounidenses Buzz Aldrin y Neil Armstrong. Aterrizaron en la Luna en 1969. Posteriormente, otros astronautas viajaron a la Luna en diferentes **misiones** espaciales.

La última vez que una persona aterrizó en la Luna fue en 1972. Esto se debe a que viajar a la Luna es extremadamente costoso, incluso para los **Gobiernos.**

¿Te gustaría ir de vacaciones a la Luna?

Si es así, deberías comenzar a ahorrar dinero ahora.
En el futuro, las vacaciones espaciales podrían ser
posibles. Algunas empresas ya están trabajando
en programas para enviar personas a la Luna, pero
será muy costoso. Las primeras vacaciones en la
Luna probablemente costarán millones de dólares.

Por ahora, solo los astronautas pueden aspirar
a visitar la Luna.

Mercurio Venus Tierra Marte Júpiter Saturno Urano Neptuno

1

Mercurio

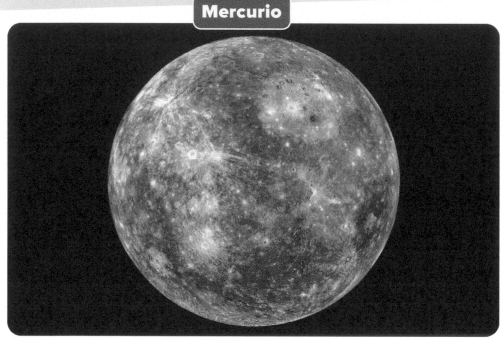

Este planeta se llama Mercurio. Es el planeta más pequeño de nuestro sistema solar, solo es un poco más grande que la Luna. Mercurio es el planeta más cercano al Sol, por lo que tiene el recorrido más corto alrededor del Sol. ¡La órbita de Mercurio es de solo 88 días terrestres!

Mercurio Venus Tierra Marte Júpiter Saturno Urano Neptuno

2

Venus

Venus es el segundo planeta más cercano al Sol. Algunos lo llaman "el gemelo de la Tierra" porque los dos planetas son casi del mismo tamaño.

Venus, sin embargo, es mucho más caliente que la Tierra. Tiene una atmósfera espesa de gases tóxicos. La atmósfera de Venus mantiene el calor cerca de la superficie del planeta. De hecho, ¡la temperatura de la superficie es de aproximadamente 900°F (465°C)! ¡No es buen lugar para que lo visitemos!

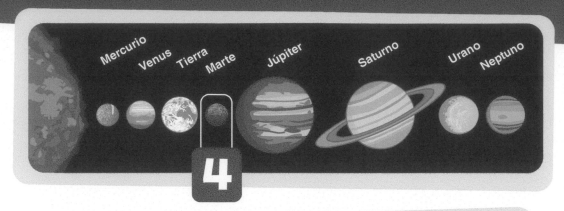

Mercurio Venus Tierra Marte Júpiter Saturno Urano Neptuno

4

Marte

La Tierra es el tercer planeta del sistema solar y el siguiente es Marte, a menudo llamado "el planeta rojo". Marte parece un planeta caliente por su color rojizo, ¡pero en realidad es muy frío! La temperatura suele ser de -80°F (-62°C). El color rojizo proviene del óxido de hierro que hay en su superficie.

Marte también es muy seco. Su superficie es un desierto. Hace mucho tiempo, probablemente había agua en Marte. Es posible que alguna vez hubo vida en Marte también. Ahora, sin embargo, solo hay agua en forma de hielo y gas.

¡EXTRA! DATOS DE MARTE

- Marte tiene dos lunas, Fobos y Deimos.
- Los científicos creen que podría haber agua debajo del hielo en la parte sur del planeta.
- ¡La NASA planea enviar personas a Marte en la década de 2030!

Mercurio Venus Tierra Marte Júpiter Saturno Urano Neptuno

5

Júpiter

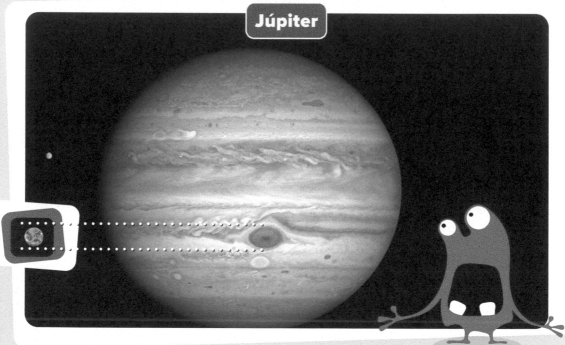

El quinto planeta partiendo del Sol es Júpiter. Júpiter está mucho más lejos que los primeros cuatro planetas. Por estar a 741.95 millones de kilómetros de distancia del Sol, Júpiter tarda 12 años en dar una vuelta alrededor del Sol. Júpiter es también el planeta más grande del sistema solar. ¡Es más del doble del tamaño de todos los demás planetas juntos!

Júpiter no es un planeta rocoso, como lo son los primeros cuatro planetas. En cambio, está compuesto principalmente de gases. De hecho, a menudo se le llama "el gigante gaseoso".

¿Ves la mancha roja de Júpiter? La Gran Mancha Roja es una tormenta en Júpiter que los científicos han estudiado durante cientos de años. ¡La tormenta es incluso más grande que la Tierra!

¡EXTRA! GALILEO GALILEI

La gente ha sabido de la existencia de Júpiter desde la antigüedad. Galileo Galilei fue la primera persona en estudiar el planeta de cerca, utilizando su propio telescopio casero. En 1610, Galileo descubrió cuatro de las lunas de Júpiter. ¡Ahora sabemos que Júpiter tiene 79 lunas!

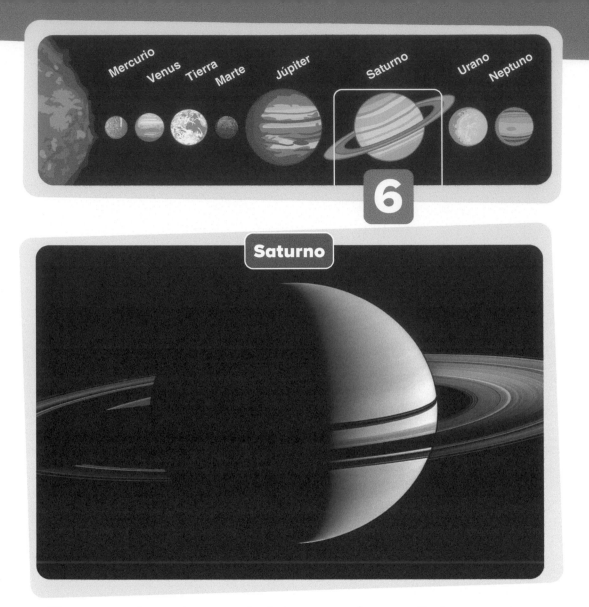

Mercurio Venus Tierra Marte Júpiter Saturno Urano Neptuno

6

Saturno

El sexto planeta en el sistema solar es Saturno. Al igual que Júpiter, Saturno está compuesto de gases y también es conocido como un gigante gaseoso. Saturno es famoso por los brillantes anillos que lo rodean. Los anillos son en realidad trozos de roca y hielo que lo orbitan mientras gira alrededor del Sol. ¡Saturno tiene 82 lunas!

¡EXTRA!

LAS LUNAS DE SATURNO: TITÁN Y ENCÉLADO

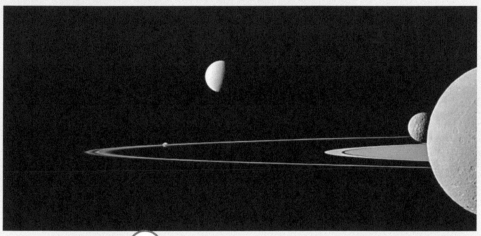

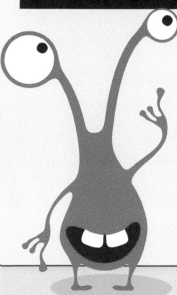

Saturno no podría **albergar** vida. Sin embargo, ¡algunas de sus lunas sí podrían! Encélado tiene océanos que fluyen bajo su superficie helada. Titán tiene nubes y atmósfera, además de agua. Los científicos no saben con seguridad si hay vida en estas lunas, pero muchos creen que es posible.

Mercurio Venus Tierra Marte Júpiter Saturno Urano Neptuno

7

Urano

Urano es el séptimo planeta del sistema solar. Está a 2,870 millones de kilómetros del Sol, por lo que tiene un trayecto mucho más largo alrededor del Sol que los primeros seis planetas. ¡Urano tarda 84 años en orbitar alrededor del Sol!

Neptuno

Este es Neptuno, el planeta más alejado del Sol. Neptuno está unas 30 veces más lejos del Sol que la Tierra. ¡Orbita alrededor del Sol en casi 165 años!

Neptuno y Urano son gigantes de hielo. Son oscuros, increíblemente fríos y muy ventosos. Neptuno está tan lejos que los científicos aún no han podido estudiarlo de cerca.

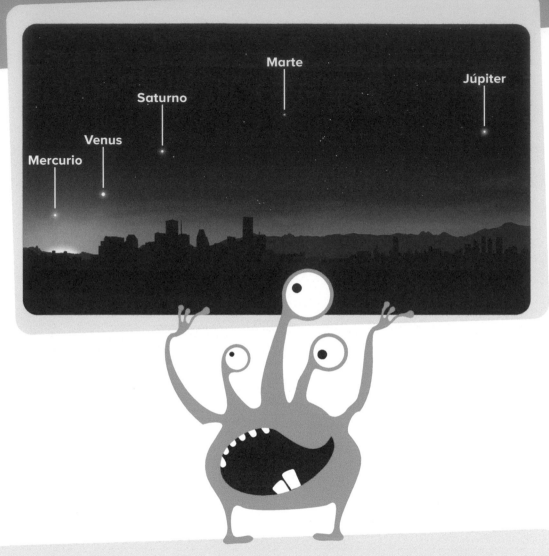

Si miras hacia el cielo nocturno, a menudo puedes ver Mercurio, Venus, Marte, Júpiter y Saturno sin un telescopio. Sin embargo, es posible que no puedas ver los cinco planetas al mismo tiempo. Como giran alrededor del Sol a diferentes velocidades y la Tierra también se mueve, los planetas no siempre están en la misma posición.

Sin un telescopio, los planetas pueden parecernos estrellas, pero en realidad no lo son. Los planetas no emiten su propia luz. Reflejan la luz del Sol, al igual que nuestra Luna. Con un telescopio, podemos verlos mucho mejor.

Desde la década de 1950, hemos estado enviando **naves espaciales** desde la Tierra al espacio para estudiar nuestro sistema solar. Estas máquinas tienen telescopios y cámaras para que puedan tomar fotografías más cercanas de los planetas y sus lunas. ¡Algunas naves espaciales incluso han aterrizado en otros planetas! Las máquinas registran y envían **datos** a la Tierra, lo que nos ayuda a aprender sobre nuestro sistema solar.

¡EXTRA!

Gracias al telescopio espacial Hubble, sabemos mucho más sobre el sistema solar de lo que podríamos aprender solo con nuestros ojos. Hubble se lanzó en 1990 y todavía hoy envía fotos detalladas del espacio. El Hubble orbita alrededor de la Tierra, pero puede "ver" y tomar fotos de estrellas y otros objetos distantes, tanto dentro como fuera de nuestro sistema solar.

Cassini fue una importante **sonda espacial.** Fue lanzada en 1997. Primero, Cassini pasó por Venus. En 2001, estudió Júpiter. Luego, de 2004 a 2017, exploró Saturno y sus lunas. Cassini envió una sonda más pequeña a la superficie de una de las lunas de Saturno. Después de que Cassini completó su misión en 2017, se vio obligada a estrellarse contra la atmósfera de Saturno.

Nuestro sistema solar es especial para nosotros porque es nuestra comunidad en el espacio. Pero no es el único sistema solar que existe. Mira las estrellas en el cielo nocturno. Hay muchos miles de millones de ellas. ¡Imagina cuántos planetas debe haber!

Es posible que exista un planeta como la Tierra en uno de esos sistemas solares. ¡Algún día podríamos descubrirlo!

albergar tener algo dentro

atmósfera aire y gases que rodean la Tierra

datos información

extremadamente mucho

misiones trabajos o tareas importantes

naves espaciales tipos de aviones utilizados para viajar al espacio

sonda espacial pequeña nave espacial, sin una persona a bordo, que se utiliza para recopilar información en el espacio

superficie capa superior de algo

Photography and Art Credits

All images © by Vista Higher Learning unless otherwise noted.

Cover: Sunti/Shutterstock.

(Master Art): Incredible_movements/Shutterstock; Sntpzh/123RF. **4:** Courtesy of NASA; **5:** Destinacigdem/123RF; **6:** (t) Ed Connor/Shutterstock; (b) Procy/Shutterstock; **7:** (t) Ann Stryzhekin/Shutterstock; (b) Don_Mingo/Shutterstock; **(8-14):** Courtesy of NASA; **15:** Delcarmat/Shutterstock; **(16-20):** Courtesy of NASA; **21:** Sunti/Shutterstock; **22-23:** Courtesy of NASA; **24-25:** Anatoliy_gleb/Deposit Photos.

© 2024, Vista Higher Learning, Inc.
500 Boylston Street, Suite 620
Boston, MA 02116-3736
www.vistahigherlearning.com
www.loqueleo.com/us

Dirección Creativa: José A. Blanco
Vicedirector Ejecutivo y Gerente General, K–12: Vincent Grosso
Desarrollo Editorial: Salwa Lacayo, Lisset López, Isabel C. Mendoza
Diseño: Radoslav Mateev, Gabriel Noreña, Andrés Vanegas, Manuela Zapata
Coordinación del proyecto: Karys Acosta, Tiffany Kayes
Derechos: Jorgensen Fernandez, Annie Pickert Fuller, Kristine Janssens
Producción: Thomas Casallas, Oscar Díez, Sebastián Díez, Andrés Escobar, Adriana Jaramillo, Daniel Lopera, Daniela Peláez

Nuestro sistema solar
ISBN: 978-1-66992-209-4

Printed in the United States of America

1 2 3 4 5 6 7 8 9 GP 29 28 27 26 25 24